넋두리

목차 _

나의 20대 넋두리

- 007 — 20대 넋두리
- 010 — 사랑이란 단어
- 011 — 망각
- 012 — 인파
- 013 — 회상
- 014 — 뿐이야
- 015 — 가이아!
- 016 — 빗방울

나의 30대 넋두리

- 021 — 꿈1
- 023 — 꿈2
- 024 — 쉬었다가
- 026 — 휘청휘청
- 028 — 고향
- 029 — 출근길
- 030 — 삶 타령
- 031 — 정체성
- 032 — 우리
- 033 — 메마른 도시
- 034 — 첫 아이
- 036 — 둘째 아이
- 038 — 통일
- 040 — 30대 넋두리
- 041 — 천국의 비밀

043 ── 그때 그랬지
045 ── 우리의 사랑
047 ── 바램
048 ── 안 그런가 여보시게!
049 ── 나의 기도
051 ── 잊을 수 없는 기억
052 ── 서원의 기도
053 ── 평등

나의 40대 넋두리

057 ── 고백
058 ── 성공한 삶
061 ── 요즘 애들
062 ── 지나온 길
063 ── 무서운 글

나의 50대 넋두리

069 ── 승자만의 세상
073 ── 위정자
075 ── 가족의 다툼
079 ── 이승의 삶
081 ── 나의 자아
083 ── 인내
090 ── 세상의 소망
092 ── 천상의 하모니카
096 ── 지천명의 바람
099 ── 무지
103 ── 사악한 세상
107 ── 비교하는 삶
110 ── 50대 넋두리

넋두리

나의 시, 나의 노래, 나의 삶 **나의 20대 넋두리**

새로운 이념의 세상

차원 상승의 고도한 문명

20대 넋두리

 지금 우리 삶의 모습들이 과연 이상적이며 행복하고도 아름답다고 할 수 있을 것인가? 이내 '그렇지 않다'. 라고 말할 수 있다. 그렇다면 현재 우리 삶의 모습들을 어떤 기준에서 어떠한 잣대로 어떻게 바라보며 살아가야 할 것인가?

 우리의 가까운 주변은 애타게 절망하며 아파하고 있는 수없이 많은 사람을 우린 지금 어떠한 눈으로 바라보고 있는가? 아니 각자의 삶을 살기도 버거운 현실에 아예 엄두조차 아니 귀찮아 신경조차 쓰고 싶지 않은 시대의 방관자들인 것인가?

 실로 이 시대의 모든 사회적 현상들은 사상과 이념을 떠나서라도 바르다고 말할 수가 없는 것이다. 이미 그렇지 않다고 나와 있는 세상의 슬픈 모습들은 우리에게 보이지 않는 모순 속의 세상을 무언의 메시지를 통해 계속 일깨워주고 있다.

 아! 그것은 황금만능이 만들어 낸 어처구니없는 현상적 결과라는 생각이 나의 좌뇌 속을 스쳐 가며 권력과 돈 그리고 명예라는 단어와 함께 뚜렷한 한 파장으로 너무도 아쉬운 잔상으로 크게 남아 지금 이 시간 나는 애타하며 번민하지 않을 수 없는 것이다.

개개인의 노력과 능력이 모자란다는 것만으로는 지나쳐 버릴 수 없는 어떤 누구도 그렇게 살고 싶진 않았을 터이고 세상에 노력 하지 않고 사는 이가 과연 얼마나 많이 있을까? 조금만 교만을 버리고 배려한다면 이해할 수 있는 그들을 난 우리의 진실한 사랑의 부족 때문이라 생각해 본다.

내 돈 내가 벌어 내가 쓴다는데 과연 그런 것인가? 무식하고도 무책임하고 잔인한 그런 말. 그 누구인가의 입을 통하여 행여 쉽게 나올 수 있다면 난 진심으로 그들에게 묻고 싶다. 누구로부터 그 많은 것을 다 얻었습니까? 결국 사람들에게서 인데 말입니다.

너무나도 절실한 세상에 아픈 이들의 모습을 우리 가까이에 두고 그런 속에 나의 행복만을 위해 웃는 그 웃음과 기쁨들이 과연 어떠한 의미가 있는 것인가? 실로 우리들은 진실하고도 진지한 고민을 절실하게 해야만 하는 것이리라.

명품 백 하나 사면서도 조금은 미안한 양심으로 한번은 생각해 볼 줄 아는 지성의 공동체 수준 차원의 사고가 아니더라도 그저 평범한 사랑의 가치관을 갖고 사는 그러한 우리들의 고민이 있을 때만이 이 세상은 사랑의 물결로 이어져 가는 것이리라. 나와 너 윤리적 이치 속의 가치관들을 가지고 살아갈 줄 아는 그런 수준의 지성을 바라고 또 바라본다.

우리 모두 세상은 더불어 함께라고 배웠고 가장 쉬운 좋은 말로 대신하며 살아왔지만, 나의 주체와 너의 주체 모두 다 같이 행복하게 웃을 수 있는 그러한 세상과 모두가 공유할 수 있는 그런 날들은 정녕 올 수 없는 것인가?

아! 너무도 마음이 아파 온다. 우리 모두가 공유할 수 있는 아픔을 나눌 사랑의 빛으로 충만한 그런 세상의 도래, 이념과 이상이 하나로 바르게 이어 나갈 수 있는 진정 우리의 세상이라 느낄 수 있는 그런 의식들의 깨어남이 이제는 보여야 하는 것 아닌가?

세상의 모습들이 참으로 밝아 질수 있는 새로운 이념과 새로운 이상이 우리의 정신과 호흡을 맑게 하여, 새로운 유전자가 이 하늘과 이 땅에 퍼져 새 빛으로 서로서로 바라다볼 수 있게 그러한 사랑의 세상을 속히 주시기를 저 하늘을 향해 간절히 기도해본다.

칠흑의 어두운 곳에서 햇살이 가득한 곳으로 어리석은 저희들을 인도하여 주시고 사랑의 세상이 땅끝까지 비추어져 당신께서 보시기에 너무도 합당하여 좋았더라 하시며 설레는 그러한 세상이 하루속히 다가오길 뼛속까지 사무치는 마음으로 소망한다.

1988년 12월 어느 날

나의 20대 넋두리

사랑이란 단어

 세상의 수많은 물음 중에서 가장 많은 정답을 가지고 있는 단어라면 어떠한 것이 있을까? 우리가 곰곰이 생각해 보지 않아도 조금만 주변을 살펴본다면 그것은 아마도 '사랑'이라는 단어일 것이다. 이 사랑이란 평범한 단어 하나에 우리 모두는 고개를 끄덕이리라 생각한다.

 사랑이란 단어만큼 수많은 사람이 모두 어떠한 정의를 내린다 하여도 나름대로는 모두가 맞는 정답일 수 있는 것이다. 결코 오답이 있을 수도 없는 이 사랑이란 단어는 어찌 보면 가장 존귀한 하늘의 선물이요 축복의 단비라고 해도 부족함이 없으리라. 또한 사랑이란 단어는 수많은 마술을 부려 이기심 많은 세상을 변하게 만드는 어찌 보면 신기하면서도 놀라운 단어인 것이다. 세상 사람들은 이 사랑이란 단어의 굴레 안에 머물러야만 온전히 아름다워질 수가 있다. 이것이 모자라면 세상은 메말라 가지만 이것이 넘치면 세상은 너무나도 아름다워진다는 이리도 간단한 진리를 우리는 왜 느끼며 살고 있지 못할까?

1987년 3월 25일

망각

　지금 마음 가는 대로 하는 사랑 세상의 전부인 양 착각 속에 살아가는 너와 나 우리. 때론 감당하지도 못할 아픔이 따른다는 것을 잘 알면서도 사랑이란 말로 대신하려고만 하는데 더 큰 시련은 이내 다가오며 멀리서 비웃는다. 세상이 나를 위한 장미 울타리로 가득 차 있진 않지만 그 누구도 채울 수 없는 내 마음의 공허함은 오늘도 차가운 공간 찾아 어설피 헤매다 허탈함으로 돌아와 꿈꾸던 나를 깨우고 새로운 나의 삶 속의 알 수 없는 막연한 한 어느 여인에 대한 잔잔한 설렘으로 철없는 사랑을 꿈꾸며 너무도 천천히 조심스레 한 발 또 한 발 내딛는다.

1987년 11월 20일

인파

 답답한 차로에 오늘 하루도 너무 많은 시간을 차 속에 갇혀 흘러가고 있다. 우리는 이제 너무 많은 기다림에 익숙해져 버린 상태. 이 강산의 놀이공원은 즐거운 사람들로 줄을 서고 병원과 장례식장은 마음 아픈 사람들로 줄을 선다. 어딜 가나 인파로 북적거려 지칠 대로 지친 몸 쉴 곳을 찾지 못해 첨단 속에 버려진다. 상식들은 이미 너와 나의 기준을 판이하게 갈라놓은지 오래되었고, 현실은 우리에게 시시각각으로 빠른 선택을 강요하며 비정하게 흘러간다. 어차피 나의 모습은 내가 만들어 왔고 또다시 내가 만들어 가야 하지만 우리 모두가 평균으로만 맞추어진다면 이 또한 너무도 무기력한 세상이 되지는 않을까? 수많은 사람 속의 소외감 없는 서로가 함께 할 수 있는 새로운 이상과 현실 꿈의 질서가 그 누군가에게서 만들어지길 간절히 소망해 본다. 단지 언제일지 알 수 없는 그날을 그 누구도 모르기에 오늘도 우리는 인파에 묻혀 그저 그렇게 흘러만 간다.

1988년 4월 13일

회상

나의 20대 넋두리

이미 퇴색해가는
아련한 사랑 속에
나 문득 이유 알았을 즈음

어느새 반쪽의 사랑이 되어
그댄 이미 타인이 되어 버렸지

내 마음속 한자리에
영원히 남아 있을 것을 알면서도

이성의 그늘진 저편 속에 묻어 두어야만 될 너

사랑앓이만큼 추억 무게 남겠지만
사랑의 짐 가슴 한쪽 품은 채

새로운 우리의 시작들은
너무도 천천히 지난 사랑 묻어가며

한 발 한 발
가까운 듯 먼 곳으로
또 다른 사랑 찾아
다시 또 가고 있네.

1988년 12월 어느 날 새벽

뿐이야

　세상은 너무도 깊은데 우리의 생각은 너무도 짧아 하루하루가 너무도 초라한 생각뿐이야 지금 화제는 모두가 돈과 여자에 관한 얘기뿐이야 나 역시 그 속에 엉키어 자유로울 수가 없을 뿐이야 오늘도 모니터 속 뉴스의 시작은 어두운 얘기뿐이야 너도 나도 서로모두 승자가 되기 위한 삶이 있을 뿐이야 하지만 난 숨을 쉬며 느낄 수 있는 그런 사랑 넘치는 그러한 곳에 살고 싶을 뿐이야 서로 감싸주고 서로 사랑만을 주는 그러한 세상 바랄 뿐이야 어려운 일은 아닌데도 어렵다고들만 생각할 뿐이야 할 수가 있어 할 수가 있어 우리는 할 수 있어 그래도 아직 이 세상은 살아볼 만한 충분한 가치가 있는 아름다운 곳이라는 걸 그래 우리 모두 온전한 사랑으로 그러한 공간 만들어 가면 될 뿐이야 버저 비터의 짜릿한 승부가 무승부이길 바랄 뿐이야 모두 함께 즐거운 게임이라면 더 이상 바랄 게 없을 뿐이야 하루의 모든 순간 속 서로를 사랑하는 마음 안에서 느낄 수 있고 배려하며 이어 나갈수 만 있다면 그게 바로 우리의 해야 할 일인 것뿐이야

1990년 12월 3일

나의 20대 넋두리

가이아!

가이아! 나는 답답하다 너무도 답답하다. 내 가장 깊숙한 심장이 지금 곧 터져 버릴 것만 같아 숨을 쉴 곳이 없어 숨이 막히는데 자꾸만 나를 그 단단한 콘크리트로 덮어 버리면 점점 더 숨을 쉴 수가 없어. 난 지금 나의 거대한 몸 전체로 숨을 쉬며 호흡하고 대자연을 이어가는데 나의 거대한 호흡이 거대한 박동이 이 세상 모든 새 생명을 불어넣으며 살아 숨 쉴 수 있는 그 공간들을 인간들로 잃어만 가고 이기심 많은 너희들의 삶을 위해 나의 피는 점점 고갈되어 간다. 지금 나의 몸을 위해 너희들에게 내부의 화를 이따금 씩은 분출해 내고 있다. 머지않아 거스를 수 없는 커다란 화를 분출하는 날엔 너희들은 너무도 참혹한 재앙을 만나게 될 터인데 왜 깨닫지를 못하는 것인가! 이젠 나의 몸을 위해 스스로 정화를 해야 할 그 시간이 다가온다. 그리 많지 않은 시간이 이젠 머지않았기에 지금 나의 고요한 한 침묵 속의 경고들을 깨어 있음으로 알아야 하건만 나의 고요한 그 외침을 느껴야 하건만 이젠 더 이상 내가 언제까지 너희들을 위한 인내를 해야 할 그런 시간은 다 지나고 있다. 바보 같은 인간들 어리석고 어리석은 바보 같은 인간들..

100년 후 인간의 선택을 읽고 1991년 8월 10일 오전에

나의 20대 넋두리

빗방울

밤새 개인 비가
풀잎에 붙어
망울망울 반짝일 때
메마르던 내 마음도 살며시 눈을 뜨네

숲속으로 펼쳐진 길
내 영혼의 갈 길이 되어
소리 없이 내 마음의 다정한 벗 되어주네

때론 영혼조차
궁핍하게 살아가는 나의 외로운 맘에
한 방울 한 방울 적시어 주는 영롱한 빗방울

나 오늘 한없이 헤매다
지쳐 울고 있을 때
어느새 문득
나의 시선에 들어오는
그 잎새의 망울들이
오늘 내게 너무도 맑고 밝은 빛이 되어
투명하게 다가오네

1992년 4월 9일

넋두리

나의 시. 나의 노래. 나의 삶 **나의 30대 넋두리**

인간의 이기가 판을 치는 세상

나의 30대 넋두리

꿈 1

너무도 얄미운
똑딱 째깍 시간 녀석들

어두워지는 해 질 녘으로
달음질 칠 때

내 작은 꿈들이
동무하고파

안간힘 다 써 견주어 보는데

자꾸만 땅끝 저편
노을 미끄럼 속

줄줄이 세월 꿰차고 달아나질 않나

다급해진 꿈나래들
저무는 노을 녘 그 빛길 속

질러가는 길 찾아
이리로도 디뎌보고 저리로도 디뎌보련만

마음만치 오질 않고
저편에서 멀어지는 꿈이여

다시 내일 꿈의 그 길
무궁화 꽃이 피었습니다

노을 언저리 수백의 길
하도 찾기 어려워

멈칫멈칫 재고.. 재고..

1993년 4월 어느 날

꿈 2

나의 30대 닻두리

황량한 도심 속
존재의 상실감을 깨달았을 즈음

조금은 세상의 삶 느끼면서도
마음만치 저편에서 오질 않는 꿈이여

무엇 하나 투명함 없는
나 자신 앞에

그나마도 의미의 수레바퀴는
마음속을 맴맴 돌다

부끄럽고 부끄럽게
내색 없는 무언 속으로 사라져 가지만

못내 안타까운 지금의 모습 또한
내 탓인 듯 싶어

더더욱 움츠러져
설 엄두조차 나질 않아

다시 또 점점
작아져 가는 것만 같은 나

1995년 5월 어느 날

나의 30대 넋두리

쉬었다가

쉬었다가 갈 테야
바쁜 사람 먼저가

쉬었다가 갈 테야
바보라고 하지 마

잃어가는 나 자신보다
소중한 건 없잖아

다시 한번 나를 찾아야 할
시간이 필요해

나는 누구일까
무엇을 위해 사는 걸까

무엇을 하려 이 세상에 왔는가
무엇을 해야 하는가

어쩐지 막연한 물음들 속에서

외로움 속 해매다
울어도 보고 싶고
그러다가 히죽히죽
웃어도 보고 싶고

그러면서 쉬었다가
쉬었다가
갈 테야

1994년 10월 어느 새벽

나의 30대 넋두리

휘청휘청

휘청휘청 해가 지면
이제 다시 잠을 자야 할 시간

매일 매일 똑같은 모습
매일 매일 변화 없는 나의 삶

뭔가 새로운 나의 모습은
아니 또 다른
세상의 저편은 없는 것인가?

괘종시계 진동 소리에
깨어나는 나의 하루

정신없이 허겁지겁
길을 나서 뛰어갈 때

자동차 엔진 소리에
긴장을 하고

출근길 전철 계단 인간 군단의
무서운 발자국 소리

오늘도 또
표정 없는 무리와
어울려 가며

어떤 때는 비굴하게
어떤 때는 용감한 척

휩쓸려 휩쓸려 휩쓸려
어디로 가는 걸까?

1995년 7월 출근길 아침 어느 날

고향

　사람들은 저마다 어릴 적 아름다운 추억이 있습니다. 지금처럼 메마른 도시의 삶 속에선 느낄 수 없는 아마 영원히 다시 오지 않을 지난 시간의 애틋한 그리움들이 있습니다. 그러나 그런 그리움만으론 표현할 수 없는 너무도 소중한 그 무엇이 그때엔 있었습니다. 세상의 모든 것을 꾸밈없이 바라보며 사랑할 줄 아는 마음, 아름다운 꿈들을 꾸며 있는 그대로를 맑은 눈으로 사랑하던 마음.. 아!!! 그래~ 그곳으로 다시 갈 수만 있다면 나의 모든 마음이 모든 사랑이 새하얀 목련처럼 환하게 다시 피어날 수 있습니다. 시간이 흘러 세월이 가도 변할 수 없는 그 추억은 어릴 적 옛 친구들 사무쳐 다가옵니다. 놀고 뛰고 하늘 보고 아름다운 꿈 담아 살포시 포갠 손 구름 속에 그리운 그 추억이 나의 마음 외롭게 해 지금 우리의 모습 너무도 외로이 흐르는 세월 속 하루하루 이리도 잊혀만 가네..

1994년 9월 23일

나의 30대 낟두리

출근길

분주한 아침 문이 열리고
이내 전철역 달려 몸을 실을 때

무뚝뚝이 대하는 표정 없는 시선들
저마다 꿈 사냥 다독이겠지

제법 많은 진중함을 뿌리고 또 뿌리고

그러던 차 이리 밀쳐 저리 밀쳐
생각은 점점 하나

미소조차 잃어버릴 그때쯤에야
이내 지쳐 짜증 어린 얼굴빛으로

출입문 여닫는 소리 뒷전으로 여음 남길 제

그래도 꿈을 찾아
무리 속 훨훨 나는 마음 새 한 마리..

1994년 9월 어느 오후

나의 30대 넓두리

삶 타령

걷다 지쳐 서고 하늘 한번 보고
뛰다 지쳐 서고 숨차 헐떡이고

걷고 뛰고 부딪히고
세상사 지치고 지쳐 이리도 힘들다고

그러면서 아옹다옹 엉켜도 보고
버둥버둥 그 춤판에 끼여도 보고

나 또한 별날 수도 없음 속에
치여도 보고 밀쳐도 보고

그러다가 멈칫 서서 뒤돌아보고
하염없이 너털웃음 소리 내어 웃어도 보고

그래서 우리의 삶이란
이렇게 저렇게 그렇게 어우러져 가나 보다..

1995년 10월 어느 새벽

나의 30대 넓두리

정체성

 오늘 하루를 그리워하며 조용히 누웠다. 나의 정체성의 수많은 아쉬움을 뒤로하며 눈을 감고 자박인다. 오늘 하루도 세상 사람들과 나, 나의 가족을 위한 기도로써 시작을 했건만 부족한 나의 모습은 이내 항상 같은 자리에 같은 형상으로 머문다. 현실의 불에 나의 죄악인 부끄럼들 태워져 죽임을 당하고 새로이 거듭나 그 속에 맑은 하늘을 대하고 싶다. 혼탁하지 않은 맑은 정신의 바다에 머물고 싶다. 나의 작은 행위 하나에도 보이진 않지만 빛이 나는 그러한 나를 느껴보고도 싶다. 진실로 이 세상 사람 모두를 사랑할 줄 아는 자비로운 큰마음의 사람으로 지금 이 자리에 다시 태어나고 싶다.

1996년 10월 16일

우리

  오늘 밤도 도시의 유흥거리는 허풍과 허무로 이어져 부유한 척 흐느적거리다 산만하게 흩어지고 순간순간의 달콤한 사랑만을 애타게 쫓는 우리, 서로의 순간적인 즉흥만을 강요하는 우리, 조급함으로 빠른 결과만 찾는 우리, 수없는 급한 요구들 속에 지쳐 있는 우리 빛이 나는 값진 무엇을 찾을 것도 아닌데 어느새 우리 앞에 다가온 슬픈 세상 속 우리. 처음엔 맑은 마음 너무도 투명하여 빛도 지나칠 수밖에 없었는데 지금의 우린 저마다의 색으로써 형형색색 치장을 하고 겉은 화려해 보이긴 하지만 속은 저마다 다르게 속물이 되어 왼쪽 뇌의 계산기는 쉴 새 없이 두드려진다. 하나에다 또 하나를 채우고 나면 다시 또 하나를 채우기 위해 이내 욕심으로 방황하며 헤매고야 마는 어쩔 수 없이 가련하고도 불쌍하게 그저 그렇게 저렇게 살아가는 우리

1997년 9월 3일

메마른 도시

나의 30대 닢두리

많은 사람 많은 소리
귓가엔 윙 윙 윙 시끄러운 잡음들

누구 하나 무심히도 지나쳐 가는
메마른 도심에서

홀연 나타나 껌 한 통 건네는 차가운 손

이내 호주머니 속 매만지며
낯빛 한번 훑어보고

다시 또 잡소리와 어울려
타령조에 들어간다.

아!
도시의 이 한복판
사랑 찾아 꿈을 찾아 둘러보지만

아직은 자욱한 희뿌연 공간이여!

1997년 11월 어느 날

나의 30대 넋두리

첫 아이

독립문 뒷산 산등성이
두 봉우리 사이로
거대한 뱀 한 마리 넘어서더니

사직터널 사대문 안으로
바람에 날리듯 달려 들어와

벗어나려던 나의 온몸
휘감으며 발등을 물어

소스라치게 놀라 깨어 보니 꿈이었네.

예사롭지 않은 태몽으로 여겨져
기이하면서도 묘한 생각으로

온종일 머리에서 떠나질 않고
이후로도 줄곧 몇날 며칠이 지나도록
마음에 담고 있을 즈음 어느 날

아내의 잉태 소식에
묘한 기대와 설렘이 들던
몇 날의 밤을 지난 맑은 날 아침

그런 예지몽으로
첫 아이 하늘이가 태어났다.

1992년 4월 어느 새벽

나의 30대 넋두리

둘째 아이

천지 만지 너른 들에
웬 꽃들이 그리 만발하던지

그 향기로움에 취해
매만지고 그 아름다움에 빠져들고
보기에도 너무 좋았는데

이틀 뒤엔 하늘에서 떨어진 물고기들
그 맑고 맑은 산골 물길을
자유롭게 휘젓고 노닐어

자세히 들여다보니
예쁜 빛이 나며 유독 눈에 띄는
물고기 한 마리 있어

이내 두 손 모아 살며시
물과 함께 담았더니
어찌나 내 양 손안에서 빛이 나던지

아내의 꿈 또한
희귀한 예쁜 보석들과 금붙이를
너무도 많이 주웠다기에
어렴풋 아름공주가 스치듯 지나가

어떤 녀석으로 세상 첫선 보일지
기대하고 고대하며
몇 날 동안을 기다리던 어느 날

장인어른과의 식사 도중
잠시 아차 하다
달려간 병원 어느 방 한 편

두 눈 말똥말똥
수만 꽃보다 더 예쁜
앗! 얼굴 주름 하나 없는 고추아기가 어찌 눈을 떴는지

신기한 듯 날 쳐다보는데 그게 바로
둘째 녀석 하람이였네

1996년 12월 오후

나의 30대 넋두리

통일

햇살이 따뜻하게 비추는 이곳
이 맑고 푸르른 땅에
우리가 만들었던 두 하늘 두 땅이

이제 보이지 않는 위대한 힘에
힘없이 무너져 내려
억만 그루의 무궁화를 이 땅에 피웠어요

세상의 오직 한 곳 우리의 낙원
이 맑고 푸르른 땅에
이제는 우리 모두 하나의 사랑

드러나지 않았던 거대한 힘으로
하나둘 힘차게 정성으로 쌓아
온전히 찬란한 역사 이 땅에 써 내려가요

통일~ 통일~ 통일~ 통일~
우리의 염원은 이렇게 이루어졌어요.
한 맺혔던 온 겨레의 소원 통일

자 이제 우린 이 아름다운 강산의
맑은 샘과 맑은 강물 위에
푸른 나무 심고 푸르른 숲을 만들어
위대한 세상의 금수강산으로 빛내 보리라

새들이 노래하고 꽃들이 춤을 추는
동방의 작은 나라

희망의 나라 대한민족 빛의 나라 대한민국

1999년 10월 어느 날

30대 넋두리

 똑같은 세상에 태어나 이렇게 나의 온전한 몸뚱이 하나 멀쩡한 것만도 하늘을 우러러야 할 일이건만 무엇을 더 바라고 욕심을 내고 있는가! 너무도 아파 생각조차 멎어 버린 지금에 살고 싶다는 희미한 희망 하나 사는 것도 벅찬 그런 힘든 사람들 나와 너의 주변에 너무도 많다. 우린 늘 위로받고 싶어 하며 위로하며 살아간다. 포기할 수 없는 나의 가장 소중한 가족이 늘 곁에 있기에 가장 작은 것부터 감사함으로 살아야 하지만 삶의 무게로 지치고 몸뚱이 하나 하늘로부터 온전히 받지 못한 사람들의 모습을 대할 때면 때론 하늘마저 원망하고 싶어진다. 오늘 하루 깨어나 숨을 쉴 수 있다는 것만으로도 감사하고 더 이상 바랄 게 없다는 그러한 낮은 마음으로 세상의 그늘과 더불어 살아야 하건만 아니 살고 싶건만 아직 작은 것 하나 행하지도 못하고 있는 나의 현실들은 막연한 생각만으로 가슴 동동 구르며 어쩔 수 없는 나는 태연한 이중으로 세상의 굴레에 빠져가며 가증스럽기까지 한데 어떠한 사상으로 어떠한 기준의 이념과 이상으로 지금의 삶을 이해하며 살아간단 말인가?

1999년 12월 4일

나의 30대 넋두리

천국의 비밀

 그날 난 분명히 보았다 천사들과 하나님의 빛의 형상 그분 앞에 마주했던 나. 너무도 또렷하게 보았다. 많은 학생 앞에서 선보이던 나의 철봉 묘기의 끝이 불안한 착지로 싸늘한 시멘트 바닥에 머리로 곤두박질치며 지상의 짧은 시간 20분은 너무도 긴 천국으로의 때 아닌 나의 방문을 인도해 주었다. 그런데 이게 웬일인가? 천국의 모습.. 그것은 지구와 너무도 똑같은 그런 모습이 아닌가! 단지 다른 것이 있다면 천국에서 본 해가 지구에서 보던 해의 수십만 배 형용할 수 없는 밝은 빛인데도 눈 부시지 않다는 것 외엔 아름다운 꽃들과 나무, 산과 강물이 우리 지구의 모습 그대로였던 것이다. 아직은 때가 아니라는 천사의 말과 함께 천국은 항상 내 곁에 있으며 언제든지 우리가 마음만 먹으면 누구라도 쉽게 갈 수 있으며 그 길 또한 어떻게 가야 하는지를 가르쳐 주었다. 하지만 그리도 쉽게 천국으로 가는 길을 분명 들었었는데 깨어나선 지금까지도 잘 생각이 나질 않는다. 다시 세상에 내려가 어려운 사람들을 도와가며 선한 마음으로 살라는 천사의 그 한마디가 아직도 잊히질 않는다. 절대 10년 동안은 그 누구에게도 말하지 말라는 천사와의 그 약속을 난 지켰으며 지금껏 단 한시도 잊어본 적 또한 없다. 지금도 말할 수 있는 것은 너무도 생생한 천국을 난 분명히 보았으며 일시적 충격으로 생긴 환영이라고는 결코 생각지 않는다. 나에게 인생의 가장 커다란 터닝 포인트가 되었고 나의 삶에 너무도 선명하게 각인되어 이정표를 제시해 주고 있으며 모든 삶의 방향키 또한 천국의 체험을 간직하며 살아가고 있다. 그날 내가 겪고 보았던 체험 현상적 일들은 지금도 내 인생 나의 삶에 가장 큰 영향을 미치고 있음이다.

2000년 4월 어느 날

나의 30대 넋두리

그때 그랬지

 눈은 점점 더 초롱해지고 있고 시계는 새벽 4시를 막 지나고 있다. 잠이 오질 않는다. 아니 잘 수가 없다 배가 고프기 때문이다. 곁에서 잠을 자던 동생들조차 깨었다. 배가 고프다고 한다. 순간 나의 눈엔 아무것도 보이질 않는다. 삼촌께서 내어 주신 갈현동의 지하방 한 칸 보금자리가 우리 가족의 안식처이지만 순간의식을 해결하지 못하던 그 가난이 내겐 너무도 서러운 고통이었다. 동생들의 배고프단 소리에 박차고 일어서며 현기증으로 비틀거렸다. 이내 밖으로 나와 주위를 둘러보았지만 차가운 새벽녘 공기에 캄캄하기만 하다. 어떻게든 먹을 것을 구해야 한다. 동네 어귀를 정신없이 돌다 눈에 들어오는 것이 집집마다 대문 앞의 천으로 된 작은 가방에 들어 있는 우유였다. "그래.. 저거다" 머뭇거릴 여유도 없이 나의 주머니와 윗옷으로 가득 담고 집으로 향해 뛰었다. 남의 것을 훔친다는 생각할 겨를도 없이 일단은 집으로 달려 들어가 동생들에게 우유를 건네고 나머지 우유 2개는 동네 슈퍼 아주머니께 부탁을 드려 몇 개의 빵으로 바꾸었다. 허기로 빵 한입을 물고 집으로 향하던 나의 눈엔 설움을 주체할 수 없는 눈물이 흘러내렸다. 차마 동생들에겐 눈물을 보일 수 없어 애써 웃음으로 빵을 건네자 아무것도 모르는지라 허겁지겁 빵과 우유를 먹는다. 그런 동생들을 보며 조금은 안도하고 불안한 마음 뒤로하고 돌아서며 세상을 원망하던 그때가 있었다.

2000년 10월 어느 새벽

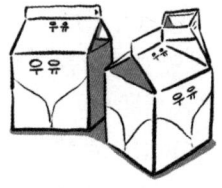

넋두리

우리의 사랑

처음에 우리
만났을 때부터
지금의 너와 나 느꼈는지도 몰라

언제부터인가
서로 다른 생각에
수많은 상상을 해야만 했어

하지만 우린
사랑했던 시간이
아파하던 시간보다
너무나 많았어

다시 한번 생각해 봐
지금 우리가
너무 많은 모자람을
서로 안고서

갈 길 찾아 따로 가면
그뿐이지만
서로 다른 모자람이
하나 된다면
아무것도 아닌 거야
저기를 좀 봐

우리의 사랑이 춤추고 있잖아~

우리의 사랑이 춤추고 있잖아~

2000년 8월 어느 오후

나의 30대 넋두리

바램

저마다 막연히 꿈꾸던 사랑 가슴 설레며 상상하던 그런 그때가 누구라도 있었다지만 그날 다짐의 반지로 언약하던 그땐 이 세상 그 무엇도 다 채울 수 있을 것 같았는데 한 사람만 사랑하면서도 마음의 한자리 허전함 채울 수 없다는 것을 어렴풋이 느낄 그즈음 살아온 만큼이나 세상을 아직 이해하지 못함 때문만은 아닌데도 세상을 살면서 오직 한 사랑만을 꿈꾸었던 우리 모두 말하지 않아도 느낌으로 알 수 있는 또 다른 사랑의 바람 또한 육체의 탐이 지나면 그땐 이미 이성을 넘어 서로의 미숙함을 잘 알지만 그마저도 사랑하는 마음 때문이라고 말하려는 어리석은 우리들의 현실 서로의 편안한 그늘이 되어 줄 수 있는 그저 아무런 바람 없이 바라보는 것만으로도 그대와 나의 눈빛을 더욱더 그리워하는 그런 그리움의 우리로 언제까지나 남을 수 있기만을 바라고 또 바라지요. 어차피 그 무엇으로도 서로에게 채울 수 없는 어설픈 사랑이란 걸 알면서 그대 한 사람만으로도 고요히 느낄 수 있는 아름다운 그리운 사랑으로 포장을 하고 애써 이성을 피해 가며 서로의 본능에 충실한 사랑 변명을 늘어놓는다 할지라도 저마다의 마음 속 한자리 구석에 영원히 남을 수 있는 그런 사랑이기를 그런 사랑 되기를 바보처럼 우린 오늘도 기대하며 살아가지요.

2001년 2월 9일

안 그런가 여보시게!

 시작부터 인스턴트 사랑에도 인스턴트 성공에도 인스턴트 애당초 느림이란 생각조차 할 수 없어 모든 결정 인스턴트처럼 흘러만 간다. 무엇이든 빨라야 타인보다 앞선다고 생각들 하지만 그 속에 대부분의 우리 자화상은 어쩔 수 없이 서로서로를 비교하며 오만하게 살아간다. 그 속에서도 세대 차이 수준 차이 어쩔 수 없어 양보하며 하는 수 없이 얽혀간다. 잠시의 기다림도 참지 못해 울려대는 경적 소리에 얼마나 이 세상을 앞질러 가려고 그리들 서두르고 그리도 조급해하는 것일까? 조금의 추월마저 용서되지 않는 우리의 삶! 운전석 차로의 앞 차와의 거리가 이 세상을 살아가는 각자들 마음의 넓이라고 한다면 너와 나 우리 모두는 너무도 각박한 슬픈 삶을 살고 있는 것인데.. 안 그런가 여보시게!

2001년 8월 26일

나의 30대 넋두리

나의 기도

 오늘 눈을 뜨는 새벽 저의 호흡이 살아 숨 쉼의 의식을 느끼던 그 순간부터 감사함으로 이 하루를 시작하게 하여 주소서. 시시각각 제게 다가오는 세상의 세속적인 선택과 결정들이 하나님께서 보시기에 합당하고 합력하여 선을 이루어 가심을 깨닫게 하여 주시고 이방인들과는 다른 삶을 살아가기에 부족함이 없도록 도와주소서. 성령의 보호하심으로 사람들과의 온전한 교류가 소통되게 하여 주시고 타인의 잘못됨을 말하기에 앞서 저의 잘못됨을 먼저 하늘의 의로써 구하고 타인을 용서함으로써 제 마음의 평안함과 충만함이 생길 수 있도록 하여 주소서. 물 한 모금을 마시면서도 세상의 그 어느 한 곳 목마름에 애타하는 사람이 있음을 상기하게 하시고 매 순간의 끼니에서조차도 굶주림에 지쳐 있는 이들을 생각하게 하시어 저의 양심 안에 결코 부끄럽지 않은 삶을 살아갈 수 있도록 도와주소서. 하루하루 너무도 많은 죄 가운데에서 시시각각 놓여 있는 저에게 통한과 참회의 회개가 일게 하시어 행여 제 마음속 작은 교만이라도 싹트지는 않았는지 돌아보게 하여 주시고 영혼의 메마름에 갈급하면서도 수도 없이 반복되는 우매한 저의 죄를 불쌍히 여겨 주셔서 저 스스로를 단죄할 수 있도록 성령의 도우심을 허락하여 주소서. 언제나 저의 자리에서 감사함으로 세상의 모든 것을 바라보게 하시고 저보다도 부족한 이들을 참 사랑의 마음으로 감싸

안아 줄 수 있는 자비로운 마음의 실천자가 되게 하여 주소서. 세상의 모든 형상을 하나님의 말씀 안에서 바로 볼 수 있도록 지혜와 명철을 더해 주셔서 하나님께서 저희에게 주신 이 아름다운 하늘 공간들의 환경을 감사함으로 사랑 할 수 있게 하여 주시고 소중하게 여길 수 있는 잔잔한 온전한 마음 허락하여 주시어 평화의 하늘을 우러르게 하여 주소서. 모든 말씀을 저희들의 죄를 대속하여 피 흘려 돌아가신 우리 주 예수그리스도의 이름으로 기도하옵니다.

2003년 9월 22일

나의 30대 넋두리

잊을 수 없는 기억

따사로운 햇볕과 조금은 바람이 불던 그날 오후 아파트 12층에서 내려다본 그 바닥은 너무나 무서웠다. 당시 중학생이었던 내겐 감당하기 힘들었던 어렵고도 가난했던 삶. 지난해 돌아가신 아버지가 그리도 원망스럽고 남달랐던 나의 처지는 세상의 무게를 견뎌 낼 힘이 없었다. 한없이 흐르는 눈물을 주체할 수 없어 온 몸으로 흐느끼던 그 순간 그렇게도 무섭게 보였던 차갑고 싸늘한 아파트 바닥이 솜사탕으로 변하며 너무도 포근하고 푹신한 겹겹의 이불로 보이며 춤추고 휘날리고 있어 달콤하게 나를 유혹함에 나도 모르는 그 어떤 힘에 이끌려 난간을 붙잡고 막 뛰어내리려던 그 순간 나의 모습이 하도 이상하여 따라온 경비 아저씨의 커다란 괴성에 가까운 한마디 "야 이 녀석아 뭐 하는 거야".. 그때서야 깜짝 놀라 정신을 차리고 보니 내 몸을 내던지던 찰나 난간 위의 내 가방끈을 붙잡아 주신 천사였음을 뒤늦게야 깨달았다. 그 이후로도 줄곧 지금도 심심찮게 들려오는 세상을 비관하여 투신하는 영혼들의 그 순간적 상황과 마음을 나는 너무 잘 알고 있다.

2003년 9월 어느 새벽 시간

나의 30대 넋두리

서원의 기도

 세상을 탐하며 세상대로 살다가 문득 저를 돌아다보며 하늘에서 주신 저의 달란트를 생각해 봅니다. 시간의 소중함이 너무나도 애절하기에 지금 저는 현실의 꿈으로 아버지께 모든 영광을 돌리려 합니다. 세상의 삶 아무런 말씀조차 드릴 수 없는 제 자신의 모습과 믿음을 이내 잘 알고 있기에 저의 가증스러운 내면을 모두 바라보고 계신 아버지여 저에게 기도의 문을 열어 주시기를 간절히 바라옵니다. 저의 간절한 기도가 아버지께로 받아들여질 수 있도록 저의 기도에 성령의 도우심 허락하여 주소서. 저의 연주와 노래가 아버지께 영광이 될 수 있게 하여 주시고 세상의 메마른 영혼들을 달래기에 부족함이 없도록 하여 주소서. 대저 아버지의 세상을 향한 메시지에 한 부분이라도 이방인들을 위한 전파자가 되기 위해 부족함이 없도록 도와주옵소서. 빛과 소금의 역할에 충실함을 간직할 수 있길 바라는 마음으로 저의 노래와 연주를 통하여 하나님의 사랑을 찾아갈 수 있는 험난한 여정에 동행하여 주옵소서. 저의 한낱 보잘것없는 작은 소망이 작은 빛을 발하여 하나님의 말씀을 세움에 먼지보다 못한 보잘것없는 보탬이라도 될 수 있기를 눈물로써 간구합니다.

2005년 10월 15일

평등

나의 30대 넋두리

이상한 삶 이상한 현실

뛰고뛰고 뛰며 살아봐도
보이지가 않는 끝이라면

그건 아마 분명 잘못된 세상인데

비굴한 삶 비굴한 현실

뛰고뛰고 뛰며 살아봐도
이룰 수가 없는 꿈이라면

그건 아마 분명 억울한 세상인데

반칙이 얼룩진 세상
위선이 판을 치는
거짓이 빙글 돌아 기만으로 껄껄 웃고

비열한 세상 힘들다고
어설프게 진실 소리쳐보지만
누구 하나 들어주질 않네

이런 제기랄!

2006년 9월 어느 날

넋두리

나의 시, 나의 노래, 나의 삶 나의 40대 넋두리

어느 날 글의 무서움을 알고부터..

고백

― 나의 40대 넋두리

지금 이 순간
순전한 마음과 신실함으로

내 정성 모두어
드립니다

감사한 마음
보잘것 없음을 고백하면서

흐르는 저의 눈물
받아 주소서

세상을 살면서 주님의 말씀처럼
사랑의 빛이 되진 못하였지만

성령이여 이 자리에
임재하셔서

메말라 가는 저의 영혼을
어루만져 주소서

사랑과 자비의 빛으로
은혜 내려 주소서

2010년 8월 어느 오후

나의 40대 넋두리

성공한 삶

학원장 : 원장 샘은 성공한 삶을 살고 있다
학생들 : 그래요? 원장 샘은 돈이 없으시잖아요

학원장 : 돈이 없으면 성공한 삶이 아니라고 생각하니?
학생들 : 돈이 없으면 성공한 삶이 아니시지 않나요?

학원장 : 어째서 그렇게 생각하니?
학생들 : 돈이 없으면 하고 싶은걸 못 하잖아요

잠깐 말문이 막히고 생각을 할 겨를도 없이
"돈이 많아야 사람들이 많이 따르고 좋아하잖아요"
말이 들려왔다
제자 녀석 영지였다

학원장 : 원장 샘은 그렇게 생각하지 않는다.

원장 샘은 내 나이
20세에 내가 계획하고 세워 놓았던
56세까지의 삶과 그 이후의 나의 삶을
지금까지도 변함없이 계획했던 그대로 살고 있다
그럼 성공한 삶을 살고 있는 거
아니니?

단지
지금 가진 돈이 없다는 것과
56세 이후의 삶을 제대로 살 수 있을까?
하는 의문이 남아 있을 뿐

수없이 생각을 해 봐도
난 분명 성공한 삶을 살고 있는
확신에 찬 사람이다

한동안 서 있던 아이들의 입에선 아무런 말들이
나오질 않았다

학생들 : 그럼 원장 샘은 지금까지 하시고 싶은 대로
다 하면서 사신 거네요?

학원장 : 그럼

멋쩍은 분위기에 고개를 끄덕거리는
아이들의 모습을 바라보며

'저 녀석들은 어떤 생각들을
하고 있을까?'
돌아서며
중얼댄다 나 홀로..

                2011년 7월 어느 무더운 여름날 학원 중앙 홀에서

요즘 애들

— 나의 40대 넋두리

쌈 쌔 하러 갈래? ㅋㅋ

나의 어이없는 한마디에
깔깔 웃는 아이들과
그 판에 같이 ㅠㅠ 끼여 논다

문득문득 아이들 말속에
어른인 체하던 나도 개 웃겨
많은 여운이 남지만

졸라 괜찮은 녀석들을
볼 때면 이내 난 "쩐다","쩔어"
박수라도 쳐주고 싶다

녀석들을 대하다
이따금 캐 아닌 행동으로
졸라 서운하기도 하지만

그래도 음악을 좋아하고
멋진 뮤지션을 꿈꾸는 그런 녀석들이
언제부터인가

레알, 엠창 좋다

2012년 3월 새벽시간

지나온 길

나의 40대 넋두리

무엇인가 해야만 한다고
무엇인가 이뤄야만 한다고

참지 못할 그 외로움들도 접어 두고서
그래도 여기까지 달려왔건만

이미 포화된 이내 몸 쉬게 할 곳은
어디에 있는지 어디로 갔는지

허둥대며 살아온 내 날들이
쫓기듯이 살아온 내 뒷모습이

하루에 한 번은 하늘을 쳐다보며
세상도 느낄 수 있어야 하잖아

그런데 왜 이리 힘이 드는거야
무엇인가 잘못된 거잖아

내 작은 두 팔 안에서도
조용한 기쁨들이
차고도 넘치게
그렇게.. 그렇게.. 살아야 하잖아

2012년 9월 어느 날 새벽

나의 40대 낯두리

무서운 글

잘 알고 지내던
방송국의 한 작가를 통하여 알게 된
글의 무서움은
조금씩 글쓰기를 좋아하던 내게
너무 큰 충격이었다

글을 쓸 수가 없었다
보이지 않게 가려진 글의 이면은
나를 감출 수도 있고
내 스스로를 속일 수도 있다

나의 의지만으로
얼마든지 대중을 움직일 수 있으며
대중을 속일수도 있다는
엄청난 사실을
글은 너무도 무서운 이면을
가지고 있음을

물론
삶의 느낌 그대로
진솔하게 쓰여진 훌륭한 글들이

우리 주변에 많은 것 또한
사실이다

하지만 상업적인 작가들을
몇 사람 만나보며
이들의 다중성을 알게 되면서부터는
너무도 글 쓰는 것에
두려움이 앞서기 시작했다

그들의
그 다중성에 긍정적인 측면이
없는 것은 아니지만
그들은 철저하게 대중에게 회자되기 위한
그 어떠한 글의 문장에도
주저함이 없다

대중에게
수단과 방법을 가리지 않으며
어떠한 자극적임에도
관심을 받을 수만 있다면
그 어떠한 표현과 미사여구를 동원해서라도

대중을 움직이려 하는 단어에만
집착한다
이쯤 되면 이미 글이 아님에도..

사회적 현상의 이야기를 쓰기 좋아하는
내게는 그리 큰 문제는
아니었지만
그래도 글의 이면을 알고부터는
내 스스로에게도
다시 되묻곤 하는 버릇이 생길 정도로
글이 무서워진 것이
40대에 글을 쓰지 못한 큰 이유가 되었던 것이 사실이다

2013년 10월 어느 날 오후 시간

넋두리

나의 시, 나의 노래, 나의 삶 **나의 50대 넋두리**

세상의 현상에서 깨어 있어야 할 때!

나의 50대 낯두리

승자만의 세상

언제부터인가
수많은 운동 경기마저
패자를 모면하기 위한 서로의 몸부림들은
그 어떠한 반칙에도 주저함이 없어
이미 그 빛이 바랜 지
오래다

스포츠의 페어플레이
사악함의 역겨운 냄새

인간의 작당은 그 극을 치닫고
황금만능의 온갖 그럴듯한 위선들이
무자비한 자본들과 함께 이기와 얼룩진 독소들을
지저분한 명분들로 포장하고 있다.

평화와 인권을 떠들고
인간의 존엄과 숭고를 말하던 이들조차
인간의 원초적 본능을 자극하는
철창 안의 인간 싸움을 즐기는 연출에 동참하며
환호하기에까지 이르렀으며

그 잘난 선수들마저 그러한 울타리 안에서
대수롭지 않게 기도를 한다.

일부에서는
그것을 즐기고 환호하며
사람들의 눈과 귀의 감각마저 흐리게 하며
그 잘난 매스 미디어의 힘을 내세워
본능의 스포츠라는 타이틀로 시나리오를 만들고
밀어붙이는 자본 앞에 잘못 이해하며
어리석게 빠져들고 있다.

수백억을 호가하는 선수들의 몸값은
상업화라는 구실로 합당하게 여겨진 지 오래다

대다수의 간절함을 가지고 사는
민초의 설움들은 아랑곳하지 않은 채
그 잘난 정의는 어디에 있는가?

이미 소소한 무리들의 한편에선
어쩔 수 없는 상대적 박탈감을 느끼고 살며
그 당연함마저 충분한 지 오래다

무엇이
그리도 대단한 듯

사람들의 알 권리 충족이란 그럴듯한 구실들로
마치 약자들의 대변인인 양
누가 알고 싶다고나 한 것처럼
연일 스타란 무리를 쫓으며 호들갑을 떨어대며
이러쿵저러쿵 떠들어대는
가련한 언론의 무리

선수들의
값비싼 몸뚱이들은 그렇게만 길들여져
승패에만 집착하며 그들의 같은 무리와
환호를 나눌 뿐이다.

거기에 뒤로는
승부의 조작까지도 일삼는 파렴치!
어마한 돈까지 지불해 가며 독려하는 기업들!
국가까지 나서고야 마는 이기적 위정자들마저
허세로 약자들의 작은 것 하나까지도
빼앗아야 하는 슬픈 오늘!
한편의 힘없는 무리는
너무도 무기력하게
주어진 환경
따라갈 수밖에 없는 작금의 현실은
분명 잘못된 세상일 터
아무런 여과 없이

스타들의
연봉과 자산을 떠들어대는 언론은
과연 일반인들의 삶의 가치를
모래알처럼 흩뿌리며
이 개념 없는 몰상식을 어찌할 것인가?
그저 가여울 따름이다

스포츠가 정의로울 때
언론들이 정의로울 때

정의로운 양심의 승자들이 많아지는 세상일 때

이 세상은
바뀔 수 있다

2014년 10월 늦은 가을 오후

나의 50대 낱두리

위정자

목청껏
국민을 외쳐대던 그들
어느 누구 우리 앞에 진심으로 사죄하는
참모습을 찾아볼 수가 없다.

뉴스의 모니터에 나타난
잘난 위정자들..
저마다 아무런 잘못이 없다.

마치
조롱이라도 하듯
일말의 가책도 없이 조소까지 드러낸다.
그 많고 많은 위정자 중에
진심으로 고개를 숙일 줄 아는 양심이
너무도 오랜 기간
보이질 않는다.

이웃 나라들에선 종종 보이던데..
그래야 이 나라도 바로 설 텐데..
우리네 위정자들은
 무엇이 그리도 당당한 자들 뿐인지

서글프게 보고 있는
우리와는 달리
오히려 비웃고 있는 저들

하늘이
얼마나 슬퍼하는 줄도 모른 채
그 잘나고
추악한 탈을 쓴 채
우리를 조소하고 있는
저들의 전부가

바뀌어야 한다.
사라져야 한다.
영원히..

2015년 7월 어느 날 새벽

나의 50대 넋두리

가족의 다툼

우리는 스스럼없이
가장 소중한 나의 가족이란 말을
자주 쓰는 편이다.

그러면서도 서로의 존중을
너무도 모른 채 살아간다.

좀 더 안다는 어설픈 단정으로
서로를 공격하며 이율배반적 모순속에
교양 없이 얽혀 살아간다.

가장 이해해주며
살아야 할 우리의 가족들
가장 아픈 곳들을 공격하며 으르렁거린다.

부모와 자식
형제들은 나이가 들수록
언제부터인가 "척"을 시작한다.
"척"이란?
다름 아닌 교만인데
지천명을 살아왔건만 아직까지도
부모와 형제자매

주변의 가까운 지인들마저도 그 속마음을
잘 모르겠다는 것이
사실이다

저마다는
세상을 달통이라도 한 듯
단정 지어 쉽게 이야기들을 하며
아주 건방진 입방아들을
너무 쉽게 찧어 댄다.
우월한
그 잘난 자아들..
난 그런 사람들을 그다지 좋아하지 않는다.
아니 싫어한다.

나의 관점과
기준들만 옳은 것은
분명 아니라는 사실 또한 잘 알 터인데
왜? 가장 기본적 형태의 틀인 가족조차 화목하지
못한 경우들이 우리의 주변에는
이토록 많은 것인가?

그것은 다름 아닌
오만과 교만 독선에서 오는 것이란..
사실을
정녕 모른 채 살아가는 것
좀 더 들어가보면
실제로는
가장 중요한 우리의 가정교육과
학교, 사회의 교육들이
원인일 터

선뜻
이해가 가질 않지만
더 아껴주고 더 이해해야 할 가족들
우리들의 자화상이 그리 살고 있지 못한 현실

우리는 상대의 배려
아니 가족에 대한 배려마저도
인색하게 대하며
이율배반이 동반된 모순 속에
희한한 상황극 연출처럼
오히려 타인들과의 관계에서 더욱 관대하며

*스스로의
열등감과 못남들을 감춘 채
친숙한 척 지낸다.*

사회생활 모든 근간의 기본인
가족과 형제들은
모든 것에 우선하며 그 시작점이다

안타까운 현실 앞에
자성과 성찰을 통해
진중한 숙고를 하여
지혜를 발휘해야 할 시점이다.

2015년 7월 맑은 날 새벽

나의 50대 넝두리

이승의 삶

공허한 이승의 삶을 위해
황금을 찾아
우린 저마다 치열한 삶에 몸부림친다.

황금 깃발의 노예들이 되어
아등바등했던 시간
유수한 세월에
흰 한 줌의 재로 남을 뿐인데

때론 무엇 때문에 살아가는지도 모른 채

우린 그토록
황금을 찾아 목마름에 갈구하며
처절한 가난을 피하려
안간힘을 쓴다.

주어진 삶이라면 살겠노라 너스레 떨어 보지만
이내 허무한 메아리는 쓴웃음으로 되돌아온다.

미숙한 삶의 교만은
철학을 도통한 듯
어설픈 단정들을 토해 내며

오만인 줄 모른 채
그저 그리 살아가는 한 많은 삶이지 않던가!

2015년 8월 힐스카페의 새벽 시간

나의 50대 널두리

나의 자아

생명의 고마움을 알게 하소서
살아 숨 쉼을 기쁨과 환희로 받아들이고

잎새 한 잎
가녀린 줄기마저 벅찬 마음으로
감사로 소중하게
사랑할 수 있는 삶이기를

잎새에 이는
바람마저도 괴로워했던
어느 시인의 애절했던 절규와도 같이
낙엽이 구르는 것을 보았을 뿐인데
어느새 나의 생명 땅속 그림자에 드리우고
광속의 세월 아쉬운 안타까움에
덧없음마저

마치 먼 길
나를 위해 돌아온
영웅처럼 느껴진 시간 속에 허상으로 살아
무엇하나 가져 갈것 없는
내 주위를 돌아볼 때

그마저도 아닌 것을 왜 몰랐었나
그토록 내 모든 연 진심으로 사랑하며
더불어 살지 못했던 삶이던가

절로 떨구어지는 고개
이제 겨우 보이는 세상속의 모습들
나 무엇 때문에 그리 부산스러운 속세의 삶을 위해
발버둥 치며 살았던가

모든 것이 내안의 욕이 아니었던가

아!..

2015년 10월 카페테라스에서

나의 50대 넓두리

인내

작금의
현대를 살아가며
인내라고 생각되는 일들은
본질과 현상의 개념에서도
지극히 당연한
기본이다.

생명의 유지를 위한 인류도
수렵으로 사냥을 하며
먹이를 구하기 위한 인내와 기다림이 있었다.
바로 뒤엔 배부름이 뒤따르기에

농경사회의 삶 역시도
씨앗을 뿌리고
가꾸어가는 노력과 인내가 있었으며
역시 배부름이 뒤따른다
배부름은 곧 우리에게 만족감이요
우리의 생명 연장을 위한 채워짐

이처럼 인간은 살아온 환경 자체가
어떠한 문제에도 반드시 인내가 필요했고
인류의 DNA는 그렇게 진화해 왔다.

하지만
이러한 인내가
우리 앞에 놓이며
어느새 첨단 앞에
길들여져 멀어지기 시작했고
많은 사회적 문제들로 불거지기 시작했으며
빠른 인스턴트 문화 속에
익숙해지며
필연적인 인내를 귀찮고 진부한 것으로
인식하기 시작했다.

그 가운데에서도
가족의 울타리는
한 사회와 국가를 이루는 근간이며 초석이다
한 가족의 행복을 위해
반드시 필요한 것
인내!

언제부터인가
이 인내가 사라지기 시작하며
너무도 쉽게 결단을 하고 이기적인 자기만의 편의로
생각하기 시작했으며, 너무도 많은 불평들을
쏟아내기 시작했다.

모든 불행의 씨앗은
나와 남을 비교하는 데서 온다.
수많은 매스 미디어의 힘으로
소통이 가까워졌다.
그렇다고 현대를 살아가며
남과 비교할 수밖에 없는 작금의 환경을
탓하고만 있다면 이해보단
주장이 많아지는 세상의 모습들을

얼마나 편히 살아야 행복한 삶인가?
얼마나 많이 쥐어야 하는가?
조금의 불편함도 참지 못하는 사회적 현상은
결국 "명절 증후군"이란 말로 그 잘난
매스컴과 합작하여 마치 무슨 신조어인양
전파를 타며 호들갑을 떨었다.

언제부터인가
우리 사회는 부끄러움을 잘 모르는
그런 사람들이 많아졌다.
타인 앞에 기본적인 존중과 예의가
바로 이 부끄러움이 아닐까?

혹자들은 당당함과 자신감으로 포장하지만
그러려면 수많은 시간 속의
경험들로 얻어진 삶의 지혜이어야 한다.

그러지 못하다면
독선과 오만으로 주위의 눈살을 찌푸리게
만들 수밖에 없다는 것을
내 주변에서도
그다지 어렵지 않게 본다.

어울려 사는 사회의 한 구성원
나만 편하면 되는 것은 아니지 않은가?

우리들의 잘못된 교육이
잘못된 줄 모르는
사회적 환경의 무지함도 원망스럽다

에둘러 보면 모두 잘난 사람뿐이지만
우리의 교육 현실은
상대의 배려가 아닌 "나"가 먼저
세상의 온갖 권모술수는
이곳저곳에
만연하고

황금만능이
사회적 위치로 연결되어
잘못된 시선으로 바라보게 된
남자들 역시 자존감과 파워를 지녀야 한다는
강박 관념 같은 것들에
메어 있어

매사 능력으로 포장되는
사회적 현상에
기초하지만 결국은 돈이다.
물질 만능은 능력과 직렬로 연결되어
세월에 학습되어
그리 살아야 하는 환경 속

홀로 독야청청
쉽지 않은 현실의 울타리 안
이제
우리의 어미들이 책임을 져야 할 때다.
애비들 역시 다를 수 없지만

작금의 사회에
보이지 않는 희망은 우리 모두의 책임이며
지금 모습이 마땅하다.

우리의 부모
지금의 우리
우리의 자식

결국
우리가 통절한 마음과
정신으로 몸부림을 쳐서라도 변하지 못한다면
너무도 무서운 잘못들을 하고 있음에도
묵인으로 가야하는 사회라면
보이지 않는 희망은

너무도
어려운 일임을 알지만
세상의 그 어떤 황금 깃발을 흔드는 파워맨도
우리가 아니라면 그저
이승의 외로운
한 영혼으로 그저 그리 살다 갈
한줌의 재
결국

"나"가 아닌 "우리"다!

2016년 봄 어느 날 저녁 시간

나의 50대 넋두리

세상의 소망

세상을 달관한 듯
살고 싶지 않다.
어느 종교인처럼 신을 앞세우고 싶지도 않다.

실바람처럼 사라질 번뇌의 수많은 욕
붙잡으려 허둥대며
살고 싶지도 않다.

그날 그냥 내게 주어진 길들
조용히 걸으며
묵상하며 살고 싶다.

작은 욕심이 있다면

나보단
내가 필요한 이들을 위해
내 작은 이력이나마 힘이 되고 보태어져
더불어 살고 싶다.

짧은 이생의 여정
잔잔한 미소
모든 사람을 대하며 내 숨이 멎는 그날
그저 조용한 미소의

"나"이기를

내 속의 수많은 욕
한 낱 부질없음을 알기에
어떤 이들처럼

그저 그리 그렇게 살고 싶지 않다.

2019년 10월 가평 산골에서

나의 50대 낯두리

천상의 하모니카

불쑥 내민 손
전철 안 잠깐 잠들어 있던 나
하모니카 하나를
건네는 아이
하모니카로 나 같은 죄인 살리신..
찬송가를 구슬프게 아이 옆에서 불고 서 있는 아빠

'오천 원이요!'
아이의 투박한 말에
나도 모르게 지갑을 열며
하모니카 하나를
건네받았다.

난
전철에서 내려
집까지 30분가량의
거리를 두 시간 동안 걸으며
하모니카를 입에 물고
떠오르는
멜로디를 불기 시작하였다.

갑자기
눈물이 나기 시작하더니
지나온 나의 시간을 거슬러 가며
하염없는 눈물이
쏟아지는데
도무지 그칠 줄을 모르고
흐른다.
이내 하늘을 보며
소리쳐 본다.

하늘을 향한
나의 원망과 절규들은
어찌하여
이러한 고통을 저에게
주시나요?

다시는 당신을
부르거나 찾지 않으렵니다.
세상의 이토록 많은 사람 가운데
왜 하필 저에게..

사람들은 저마다의 이유로
세상을 등지려 하던 처절한 때가 있게 마련
수십 년이
흐르고 알았다

그때의 연단이
내게 분명한 이유가 있다는 것을

당장
숨이 멎고
죽을 것만 같았던
그 고통의 시간
오로지
나의 처지만이 하늘 위에 보였던
그 시간들이
기도원을 전전하며
눈물로 보내야 했던 그 시간들이
지속되었던 그 날들이

왜
내게 필요했었는지를

나의 그러한 처지 가까이
그것도 내 주변
나의 손길이 간절히 필요한 사람들이
생각보다 많았었다는
사실을

실제로
그런 날 이후부터
몇 사람의 고귀한 생명을 살릴 수 있는

기적 같은 일들이 내게 일어났었고
하늘은 내게 미약하나마
그들을 도울 수 있도록
허락하셨다.

나에서 가족,
가족에서 우리,
우리에서 온 세상이
하나이고 사랑으로 하나여야 한다.
그래야
천상의 하모니카는
그 빛과 사랑의 멜로디로
우리에게 진정한 존재의 가치와
축복된 사랑의 감사가 넘쳐난다는 사실을!

2019년 12월 가평의 저녁시간

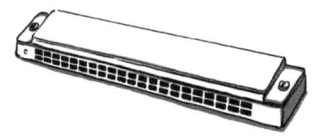

나의 50대 넋두리

지천명의 바람

바람은 그냥
바람인 줄 알았는데
하늘은 내게
생명이 싹이 돋는 깨달음의
이치를 주셨고

시간은 그냥
시간인 줄 알았는데
하늘은 내게
언제나 그때마다 선택 기회
사랑을 주셨네

어차피
나의 모습
내가 만들어 왔고
내가 또 만들어
가지만

교활한 맘
낮은 곳 알았을 즈음
비로소 그것!

더욱더
큰 뜻이 있었음을
알았네
설레고 부풀었던
나의 봄
설익어 치열했던 몸부림
나의 여름

갈망
풍요와 아쉬움
낙엽으로 바람에
흩뿌려지는
가을의 나

아직도
귓가의 바람
소리 없이 스치어 지나
저 멀리 추억으로 메아리의 속삭임이
잔상은 이내 이슬로 피드백 되어
안쓰럽기까지 한
나의 모습

나의 겨울은
다시 돌아갈 수 없는 그 길
뒷전에 두고라도
지워야 할 기억들과
저 그리움들..
아 부질없는 아 나의 몸부림을
저 바람 저 사랑

나의
새로운 마음
세상 속에 담아내야지
다시 또 나의 봄
벌써 가까이
다가오네..

2020. 1. 28 가평펜션 바람 많이 불던 흐릿한 날 오후

나의 50대 넋두리

무지

우리는
내가 무엇을 모르는지를
모르고 살아가는
삶의 방관자

모른다는 것은
죄가 아니지만
알려고도 하지 않는 것은
그냥 방관자의
편함을 원하는
이기심으로 밖에는..

커다란 짐
타인이 지어주길 바라는
이타적 배반 속에
그마저도 생각하기 싫다는
어리석음

크게
잘못되었음을
깨닫게 되기를..
이 조차도 아니라면
우리는
너무나도 이율배반의 삶으로
살아가는 것

결국
주위의 사람들로
위안 삼는 사회적 존재이건만
사랑으로 참여해야 함에도
대다수 우리의
진실을 지키려는 것들에는
외면과 방관으로
누군가 나서주길 바라고 있지 않은가

적당함은
어쩌면 지극히도 잘못된
학습 버릇과도
같은 것

인류의
역사를 보더라도
극소수 사람들의 창의적 사고로
발전하며 진화하여 왔고
적당함의 인류는
주어짐에 그저 그리 살아가는
무지를
극복조차 모르고
살아간다.

외로움이 두려워
도시의 삶을 쫓는 존재들
그러면서 그런 한편의 위안인 사람들마저
위로할 수 있는
서로간의 무거운 책임들은
아랑곳하지 않은 채
지극히 냉소적인
자화상

인간은
어쩜 이렇게도
이타적이지 못한 존재이던가

나와 너 우리가
나서야 할 때이다.

지독하게도 잘못 학습되어 온
잘못된 교육의
그 잘난 지성인 척 하는 것들에서
빠르게
깨어나야 한다.

2021년 10월 어느 날 새벽

나의 50대 넋두리

사악한 세상

하늘의 두려움 조소하는 저들

무소불위 군림
나약한 생명들 볼모로
천하의 사악 일삼으며 신의 놀이
더럽고 지저분하게
히죽거리며

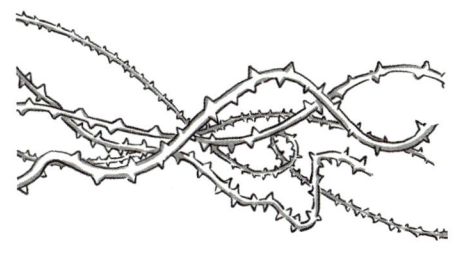

이미
인간이기를 포기하였기에
하늘을 비웃으며
멋대로
자신들의 세상을 만든다는
톡톡한 희귀병에 오염된 지 오래된
정신병자들

인간의 자멸은
결국
저들에게서 시작되어
돌이킬 수 없는 종말로의 향연을
만들 수밖에 없는
자명함
세포들을 파괴하여 주소서

고귀한 생명들
물질의 노예로 만들어
세상을 지배하고
자신들만의 아젠다를 위하여
갖은 술책들을 동원
그들로 하여금 충실한 개의
역할을 충실히도
해내고 있는
너무도 가엾은 언론

깨어 있으라, 깨어 있으라

하늘이시여
더러운 저들

용서치 마옵소서
저들은 이미 용서조차 받을 수 없음에
너무도 많은
생명을 앗아 갔으며
이 시간도
처처에 고귀한 생명
아무런 이유도 모른 채
생을 빼앗기고

저들의
기괴망측한 착각들은
이 지구의 기상마저도
주무르기 시작했으며
하늘 상공 캠트레일은

서서히 드리우는 죽음의 그림자
세상에 스며든 지도
이미 오래전
수많은
작물과 각종 야채와 과일을
이용하여
우리의 주검을 위해

그 유전자까지를 조작생산
하늘에서 내려 주신 생명들의 DNA마저
바꾸려 하고 있으며
천천히 계획을 즐기고 있는
사악한 저들

이들의
하늘 놀이 신의 놀이가
영원히
이 지상에 남아 있지 않도록
그 영혼의 찌꺼기들까지
지옥의 불로 살라
다시는 수천 년 수만 년을
다시 소생할 수 없는
저 무저갱 속에
영원히..

2022년 5월 어느 날 새벽

비교하는 삶

유행을 쫓아
명품에 마음을 빼앗기고
서로를 비교해가며
우린 쫓는다.

마치
그것들을 따라가질 못하면
소외감에
사로잡히기라도 하듯
열등으로
가득 차 있어
안쓰럽기
짝이 없는 우리네 인생들이
너무 많다.

명품!
무엇이기에 진적 우리의
존귀한 생명의 가치들은 뒤로한 채
우리의 마음을 갈라놓고
어린아이들마저 부러워하는
대상이 되어
있는가

황금이
얼마나 소중하기에
성공의 척도가 돈이 된 이상
그 어디에도
존귀한
사랑과 존중 희망의 메아리는
빛을 잃어만 가고
우린 그러한 인성으로
빠르게 길들여져 버렸다.

에티오피아의
행복지수는 세계에서도
단연 으뜸이다.

그들은
유행과 명품을
모르고 사는 사람이 대부분이다.

나를 치장함에 앞서
먼저 생과 사를 오가는 아픈 주변들을
단 한번이라도 생각할 줄 아는 지성들이
많아 질 때가
사랑의 바른 사회가 아니던가

소망하는
하나를 취하면

또 다른 걱정과 근심들로
스스로를 얽어매고
이마저도
주위의 열등감들로 뒤엉킨
우리들의 위안의 삶
아!
비교하지 말라

상대를 보기 전
나를 먼저 살피고 번뇌하라
그래야 우리의 삶은 행복을 알아 갈 수 있다.
나 또한 그러한 삶을 위해
부단히도
노력하고 있음에

그렇다!

진정한
가치의 삶이
잘못된 학습으로 변질되는 것을
우린 매순간
깊은 고뇌와 성찰로써 깨달아야
 하는 것임을..

2022년 5월 맑은 날 어느 오후

50대 넋두리

대형병원
건물의 한쪽 현수막
- 금연 제한 구역 -

"성숙한 시민의식을 보여 주세요"

아랑곳없이
그 앞에서 아무렇지도 않게
담배를 태우는
뻔뻔함

나이와는 상관없이
남녀의
싸구려 모임들이 서로 얽혀
아무렇지 않게
서로들을 힐끗거리며 뽐어대는 모습들에
흡연 장소인 줄 알고 갔던
나 자신을
순간 책망하며 돌아선다.

언제부턴가
아무렇지도 않게

양심을 저버리는 지성들이
많아져 간다.
게임이나 만화
드라마나 영화
어떠한 비이성도 어떠한 잔인함도
우리의
감성을 자극함에
조금도 주저하지 않는다.
아니 오히려 대중을
이끌어 간다는
신념으로 살아가는 집단들

"심의위원회"
잘난 그 위원들의 면면이 궁금하다.

과속은 당신의 생명을 담보하는 도박

거리는 이미
자동차 경주장으로 바뀐 지 오래
이걸 막으려
거리의 곳곳에 설치된 단속카메라
조금의 불편함에도
주저 없이 눌러대는 경적소음

이쯤 되면
모두가

세상을 잘못 이해하는 우매한 독선의 상식과
잘못 배운 습관적 만행으로
버르장머리 없는
한심한 자아들의 합작품

역시 경쟁 심리이다.

내가 보다 잘남을 표현하려는
열등감의 이면이다.

한국의 교육열
세계에서도 단연 으뜸이다.
어설프게 잘못된 교육이 빚은
사기꾼들이 판을 치는
오명으로 물들어가는
작금의 현실

우연찮게
우리 교육의 방향성이라는
그럴듯한 주제의 심포지엄 행사에
참여하게 되었다.

논리의 수준을 떠나
발표자들의 전문성은 높은 편이다.
서로의 주장들을
강하게 어필은 하지만

타협점이 없다.

우린 너무 상대방을
의심하고 신뢰하지 못하며
인정하려 들지 않는다.
어떻게든 자기의 논리로 이기려 드는
잘못된 버릇들
왜?

참교육
바른 인성과 이치의 교육이
너무도 절실하건만
경청과 포용, 배려의
교육을 배워 본 경험이 없다.
오직 경쟁으로만 점철된 철저한 현실 논리의
주장들이 난무할 뿐

그나마도
지정학적인 이점으로
전 세계의 귀감이 되는 국가로서의
유리한 위치를
누리며 살고 있는 지금

이렇게도
높은 교육열의 환경 속에
무엇이 잘못되어

모든 사람이 고개를 숙일 수밖에 없는
그러한 어른들이
분야를 막론하고
상당한 시간이 흘렀음에도
그 어느 곳에서도
도무지 보이질
않는가

법을 공부했다는
인간들마저
누구를 단죄하기에 앞서
스스로에게 매를 들어야 하는 세상
의술을 배웠다는 인간들 역시
양심을 팔아
기생을 위해 세상을 방패 삼아
양날의 칼을
휘두른 지도 오래

성직자들마저도
의심의 눈초리로 보아야 하는 세상
바른 종교인마저
찾고 검증해 보아야 하는

더 이상
민초들에게는
그 믿음과 신뢰의 괴리가

서글픔으로 가득한
너무도 가슴 저린 오늘
어찌 보면
생존의 비겁함을 가르쳐야 했던
우리 부모들의
잘못된 훈육들이 더해져
그저 그리 어울려 살아야 하는
비겁함의 삶은
너무도 비참한 곳을 향하고 있질 않나

보이지 않는 어느 곳
훌륭하신 어른들이 분명 존재하실 터
하지만 그러한 어르신들은
좀처럼 드러내질 않기에
지각이 있는 인성들이 앞으로 나서
시대의 정신 앞에 모시고 세워 드려야 함에
우리의 책임이
너무도 무겁게 다가온다.

그마저도 이기와 무지로
내가 사는 것에만 급급하게 얽혀 있는
우리 어른들이 삶 아니던가

이러한 어른들이
어떻게 이 사회의 정의를 얘기할 수 있으며
스스로의 한마디에

책임을 질 수 있단 말인가
올바른 이치의 가치관을 심어주어야 할
수많은 지성들은
마치 약속이나 한 듯
그 비겁한 자아들을 애써 감추고

그 어디에도
어른들은 자취를 감춘 세상이던가?
위아래가 없는 젊은이들을
점점 더 많아지게 만든
잘못된 우리 어른들

이상과 현실
인간의 삶의 고뇌와 존귀와 가치는
그 누구도 가르치질 않는
지금의 세상은
덧없는 현생의 삶이던가

지식을 담지 못하더라도
지혜를 담아야 할 시점인 이상
이쯤에선 누구를 탓할 겨를도 없이
남는 것은 자명함뿐

우리는
지금 어디에 있는 것인가

상식과 상식이
충돌하는
지구촌에서 가장 많은
법적 소송으로 점철된
모두가 서로 억울한 우리의 자화상

어처구니없는 현상들은 점점 더 늘어가고
이 땅의 패러다임은
지금 모습들에 이방인이던가
이를 크게 걱정하는
진정한 어른들이 많아지는
그런 세상

우리네 어른들부터
통절한 영혼의 대 각성으로 깨어나
작은 울타리 가족에서부터
이 사회를 향하여 바른 목소리를 내고
잘못됨에 저항할 줄 아는
참다운 용기가
우리 모두에게 절실한 때이다
너무도 너무나도..

2022년 봄 어느 날

넋

두

리

나의 시, 나의 노래, 나의 삶
넋 두 리

발행일 2023년 01월 31일
ISBN 979-11-981601-9-5(03800)
정 가 9,800원

지은이 김상린
디자인 디자인앨리스
발행처 씨뮤직아카데미(CMA)
발행인 유성천
주 소 경기도 파주시 정문로 588번길 24